T0018004

ANA FRANK

La chica que nunca perdió la esperanza

Mis pequeños
HÉROES

Seguro que hay días en los que sientes que el mundo se derrumba. Quizá porque te has peleado con tu mejor amiga, o te has enfadado con tu hermano. En esos días, todo se vuelve oscuro y crees que nunca más volverás a sonreír. Te entiendo perfectamente, pero por grandes que te parezcan tus problemas, no debes perder la ilusión.

Me llamo Ana Frank y me tocó vivir en una época horrible. Cuando era tan solo una niña, un grupo de personas llenas de maldad conquistó casi toda Europa. Odiaban y maltrataban a todos aquellos que pensaban de otra manera y, en especial, a los judíos.

Mi familia era judía, así que fueron tiempos muy difíciles para nosotros. Vivimos más de dos años encerrados en un escondite. Sin embargo, nunca perdí la esperanza de que un día todo acabaría bien y podríamos volver a vivir en un mundo en paz.

Esta es mi historia.

Nací en Alemania el 12 de junio de 1929, **en el seno de una familia judía.** Mis padres ya tenían una hija, Margot, que tenía dos años más que yo. Margot era la hermana mayor perfecta: sacaba notas excelentes en todas las asignaturas, era guapa y cuidaba mucho de mí.

Mis padres también eran geniales. Les encantaba estar con nosotras, jugar, leernos cuentos y divertirse. Pero desde muy pequeña noté que necesitaba algo más. Era como si me faltara

una amiga del alma con quien pudiera hablar de todo lo que se me pasaba por la cabeza sin tener miedo de aburrirla o de que me dijera que era una plasta.

En el colegio tenía varias amigas, pero ninguna de ellas era como la que me habría gustado tener. Por eso, a veces me sentía sola.

Cuando yo tenía 4 años, un hombre increíblemente malvado llegó al poder en Alemania. Se llamaba Adolf Hitler y era el jefe del Partido Nazi. Aunque no les hubiéramos hecho nada, los nazis odiaban a los judíos y decían que la culpa de todos los problemas del mundo era nuestra. Y por eso **empezaron a tratarnos muy mal** y a prohibirnos muchas cosas, como trabajar, estudiar o salir de casa a la hora que quisiéramos. Era totalmente injusto, pero no podíamos hacer nada para impedirlo. También nos obligaron a llevar una estrella amarilla en la solapa y así conseguían identificarnos con mayor facilidad.

Mis padres tenían miedo de que la situación empeorara y buscaron trabajo en otro país. En poco tiempo, mi padre encontró un puesto como director de una fábrica de mermelada en Holanda.

—*Niñas, nos mudamos a Holanda.*

—*¿Viviremos en Ámsterdam, la ciudad de los canales?*

—*¿El país de los tulipanes?*

—*¿La tierra de Van Gogh?*

—*La misma.*

Sin embargo, la tranquilidad en Ámsterdam duró muy poco. Hitler quería dominar Europa, y por eso invadió Polonia, Francia, Bélgica, Dinamarca... y también Holanda. **Así fue como empezó la Segunda Guerra Mundial,** que duró seis años.

Durante todo este tiempo, pasaron cosas horribles. Los nazis empezaron a detener a los judíos sin ninguna razón. Muchas veces los torturaban o los enviaban a un lugar espantoso: los campos de concentración. Allí los presos tenían que trabajar todo el día, sin descanso y sin apenas comer, y si se ponían enfermos o les faltaban las fuerzas para trabajar, los mataban.

Yo era solo una niña, y no podía entender esas leyes injustas. Pero un día comprendí que era muy importante obedecerlas. Había salido con un amigo a dar una vuelta, y regresé a casa más tarde de las ocho. Mi padre se puso hecho una furia.

—Ana, ¡son las ocho y diez! ¿Cómo tengo que decírtelo? ¡No podemos estar en la calle después de las ocho! ¡Lo dicen las leyes de Hitler y los nazis!

—Disculpa, papá, estaba con un chico...

—Ni chicos ni nada. ¡Esto no es un juego! No quiero ni pensar en lo que pueden hacer los nazis si te encuentran por la calle.

Mi mejor recuerdo de Ámsterdam fue el día de mi 13 cumpleaños. Los dos aniversarios anteriores habían sido muy aburridos porque siempre había alguien enfermo en casa y no habíamos podido celebrarlos. En cambio, cuando cumplí 13 años me hicieron muchos regalos y mi madre preparó tartas y galletas.

Me regalaron un ramo de rosas, un cactus, una bolsa enorme de golosinas, un rompecabezas, algunos libros y más cosas. Pero **lo más importante para mi fue el diario.** Era un cuaderno pequeño con cuadros rosas y blancos. Con solo verlo me enamoré de él.

—*Aquí podrás escribir todo lo que quieras, Ana.*

—*¡Me encanta!*

—*Ya nos lo imaginábamos.*

—*Tiene llave, ¿verdad?*

Tener un diario era fantástico. Le podría contar todo lo que me pasaba sin que nadie más lo supiera nunca. Era como esa amiga del alma que tanto añoraba. Por eso le puse nombre, y lo llamé Kitty.

Querida Kitty:

¡Han pasado tantas cosas desde la última vez que te escribí...! El domingo fue un día muy triste. A las tres del mediodía, llamaron a nuestra puerta. Eran unos hombres de las SS, la policía nazi, y querían que mi hermana Margot fuera a verles. Todos sabíamos lo que esto significaba: si iba, la mandarían a algún campo de concentración con otros judíos.

Por suerte, mis padres ya habían previsto que tarde o temprano esto pasaría, y habían preparado un escondite sobre las oficinas de la fábrica de mermelada en la que trabaja papá.

—Niñas, nos ocultaremos en un escondite secreto hasta que acabe la guerra y los nazis dejen de perseguir a los judíos.

—Pero ¿por cuánto tiempo? ¿Una semana? ¿Un mes? ¿Dos?

Pensar que VIVIRÉ ESCONDIDA PARA SIEMPRE me aterra. Espero que la guerra acabe pronto y todo vuelva a la normalidad rápidamente.

Tu Ana.

A la mañana siguiente nos fuimos todos a **la Casa de Atrás.** Así fue como llamamos a nuestro escondite.

Mis padres nos dijeron que no podíamos llevar ninguna maleta, así pasaríamos más desapercibidos por la calle. Solo pudimos coger las carteras del cole y llenarlas de libros. Lo primero que puse fue mi querido diario, y luego algunos libros de lengua y matemáticas. Con la ropa fue algo más complicado. Nos pusimos tantas prendas como pudimos. Era la única forma que teníamos de llevarlas a la Casa de Atrás sin que nadie sospechara.

Yo me puse dos camisetas, tres pantalones, un vestido, una falda, una chaqueta, un abrigo, dos pares de medias, zapatos, un gorro y un pañuelo.

—Ana, no te olvides las medias.

—Mamá, llevo dos. ¡Creo que voy a coger un sarampión!

—Hija, piensa que no volveremos a comprar nada en mucho tiempo.

La vida en la Casa de Atrás no era fácil. Al principio estábamos nosotros cuatro con otra familia, los Van Pels, que eran padre, madre e hijo. Unos meses más tarde, vino otro señor, así que en total éramos ocho. Ellos también eran judíos que habían decidido ocultarse hasta que acabara la guerra, igual que nosotros. Durante el día, **no podíamos salir, ni asomarnos a las ventanas, ni hacer ningún ruido** hasta que los trabajadores de la fábrica se hubieran marchado a sus casas.

Por la noche solíamos bajar a la oficina y escuchar un poco la radio para tener noticias del mundo exterior. También contábamos con la ayuda de Miep y Bep, unas amigas de la familia que nos traían comida, ropa y varios libros para que Margot y yo pudiéramos seguir estudiando.

Intentábamos hacer vida normal, pero de normal no tenía nada en absoluto. No podíamos bañarnos todos los días ni tirar de la cadena del retrete hasta que se hacía de noche. Imagínate lo desagradable que llegaba a ser pasar el día entero en esas condiciones.

—*¡Cómo apesta! ¿Quién ha sido el que...?*

—*Puaj, ¡qué pestazo! ¡Es insoportable!*

—*Lo siento, es una necesidad del cuerpo, no se puede evitar.*

Lo más agradable de esos años era escribir en mi diario. Al hacerlo **desaparecían la tristeza y la soledad,** y la fuerza y las ganas de vivir volvían a mí. Por eso decidí que cuando fuera mayor me convertiría en periodista y, más tarde, en escritora. Eso era lo que realmente me hacía feliz.

—Escribiré novelas románticas y me haré famosa, Margot.

—Entonces tendré que pedirte un autógrafo.

—Lo tengo todo planeado. Cuando acabe la guerra me iré un año a París y luego a Londres para aprender idiomas y estudiar Historia del arte. Y cuando ya sepa muchas cosas, empezaré a escribir, a escribir y a escribir. Nadie se podrá resistir a mis historias. Ya lo verás.

Una de las noches que bajamos a la oficina de mi padre, al encender la radio, escuché hablar a un político holandés. Pedía a la gente que guardara sus diarios, porque **eran un testimonio fundamental para entender la situación** en la que se vivía durante los años de guerra. Al oírlo, mis padres, Margot y la familia Van Pels se giraron hacia mí. Querían que guardase el diario como un tesoro.

—*Ana, ¿has oído? Tienes que guardar tu diario. Quizá te lo publiquen dentro de unos años.*

—*¿De verdad? ¡Eso sería fantástico! Pero también me da un poco de vergüenza...*

El 4 de agosto de 1944, un grupo de nazis encontraron la puerta de la Casa de Atrás y nos arrestaron a todos. No nos dejaron llevarnos nada y mi diario se quedó allí, junto con el resto de nuestras pertenencias.

Nos metieron en un vagón de tren **y nos llevaron a un campo de concentración** en Holanda. Luego nos separaron, a mi madre, a mi hermana y a mí por un lado, y a mi padre por el otro. Nunca más volvimos a saber nada de él. A nosotras nos llevaron al peor campo de concentración nazi, el de Auschwitz, que se encontraba en Polonia.

Cuando llegamos, nos dieron un uniforme muy sencillo que no nos protegía del frío. También nos raparon la cabeza, como si fuéramos animales, y nos pusieron un número. Nadie tenía nombre allí dentro. Cada uno de nosotros era solo un número. La situación en la que nos obligaban a vivir allí era lo peor que había visto nunca. Aterradora. Espantosa. Humillante. Todos deseábamos salir de Auschwitz cuanto antes.

La derrota de los nazis llegó el 8 de mayo de 1945, cuando el ejército aliado logró que las tropas de Hitler se rindieran. De todas las personas que habíamos estado en la Casa de Atrás, solo sobrevivió mi padre, que pudo salir del campo de concentración y reencontrarse con sus amigas Miep y Bep. Mi hermana, mi madre y yo no resistimos la dureza de los campos por los que pasamos, y morimos unos meses antes.

Al ver a mi padre, Miep le dio el diario que yo había escrito. Consiguió rescatarlo y conservarlo durante toda la guerra.

—Toma, Otto, este es el diario de Ana. Lo he guardado para ti.

—Mi pobre Ana... Muchas gracias, Miep. Creo que voy a publicarlo. Ese era el deseo de Ana y, además, así todo el mundo sabrá por lo que hemos pasado.

Poco después de su publicación, mi padre empezó a recibir cartas de los lectores. Estaban muy agradecidos por la aparición del libro porque se sintieron acompañados y comprendidos. El diario se convirtió en un éxito. Y lo más importante: **sirvió para que nadie olvidara nunca el Holocausto,** que es como se conoce a aquel terrible periodo en el que millones de personas fueron torturadas y asesinadas por los nazis.

Me llamo Ana Frank y esta fue mi historia. Viví en unos tiempos difíciles y crueles por los que no me gustaría que nadie más tuviera que pasar jamás. Yo era solo una niña como tantas otras, llena de ilusiones y proyectos de futuro, que escribía en mi diario para olvidarme de tanto horror.

Por desgracia no pude cumplir mis sueños. Pero mi diario me sobrevivió y se convirtió en un fiel testimonio de las cosas terribles que pasaron durante la Segunda Guerra Mundial y el Holocausto nazi. Espero que nunca se deje de leer, porque así todo el mundo se dará cuenta de lo atroz que fue aquella época, y hará todo lo posible para que no vuelva a ocurrir.

ANA FRANK:
ESTA ES SU HISTORIA

Ana nació en 1929, en Alemania. Pertenecía a una familia judía, así que cuando el Partido Nazi de Adolf Hitler llegó al poder en 1933, **TUVIERON QUE HUIR** a Holanda. Pocos años después estalló la Segunda Guerra Mundial y las cosas no hicieron más que empeorar.

En 1942, al cumplir 13 años, Ana recibió como regalo un cuaderno en el que empezó a escribir su diario. Ese mismo año, su hermana Margot recibió una orden de deportación a un campo de trabajo, por lo que la familia se escondió en la parte trasera de la fábrica del padre, Otto Frank. La llamaban la **CASA DE ATRÁS.**

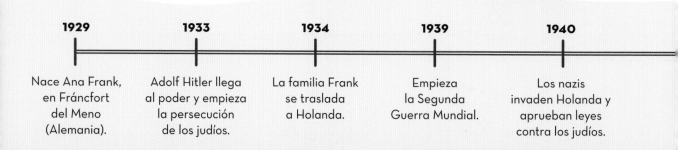

1929

Nace Ana Frank, en Fráncfort del Meno (Alemania).

1933

Adolf Hitler llega al poder y empieza la persecución de los judíos.

1934

La familia Frank se traslada a Holanda.

1939

Empieza la Segunda Guerra Mundial.

1940

Los nazis invaden Holanda y aprueban leyes contra los judíos.

Aunque actuaron con mucho cuidado para no levantar sospechas, al final la policía nazi los descubrió. Separaron a la familia y los enviaron a diferentes **CAMPOS DE CONCENTRACIÓN.** Ana, Margot y la madre fallecieron, así como los otros habitantes de la Casa de Atrás. El padre fue el único superviviente.

Vivieron allí durante dos años, entre 1942 y 1944, junto con otras familias judías. La puerta de la Casa de Atrás se encontraba oculta detrás de una estantería. Como **NO PODÍAN ARRIESGARSE A SALIR** de allí y que les vieran, unos amigos les traían comida y les contaban las noticias.

En 1947, el padre volvió a Holanda y publicó el diario de su hija con el título de *La Casa de Atrás*. Quería que todos recordaran a través de él **LO PELIGROSOS QUE SON LOS FANATISMOS Y EL RACISMO,** y lo importante que es luchar contra ellos. El testimonio de Ana nos enseña que debemos hacer del mundo un lugar mejor e igual para todos.

1942	1944	1945	1947	1960
La familia Frank se ve obligada a huir y se refugia en un escondite.	La policía descubre la Casa de Atrás y sus habitantes son arrestados y deportados.	Ana y su hermana Margot mueren en el campo de concentración de Bergen-Belsen en Alemania.	Se publica el diario de Ana con el título *La Casa de Atrás*.	Se abre un museo, la Casa de Ana Frank, en el edificio en el que se ocultó la familia.

¿QUIERES SABER MÁS?

«Lo que se ha hecho
no se puede deshacer,
pero se puede evitar
que ocurra de nuevo».

Ana Frank

LA SEGUNDA GUERRA MUNDIAL

La Segunda Guerra Mundial comenzó en el año 1939, cuando Alemania, gobernada por Adolf Hitler, invadió Polonia. En este terrible conflicto hubo dos bandos. En uno se encontraban las potencias del Eje, que eran países con un gobierno totalitario entre los que estaban Alemania, Italia y Japón. En el otro luchaban las fuerzas aliadas, que defendían la democracia, y a las que pertenecían Gran Bretaña, Francia y Estados Unidos. El enfrentamiento duró hasta 1945 y vencieron los aliados. Sin embargo, a lo largo de toda la guerra, murieron más de 50 millones de personas. Muchas de ellas eran civiles que no estaban combatiendo. ¡Fue espantoso!

EL HOLOCAUSTO

Una de las ideas más peligrosas del nazismo era que algunas personas, por ser de determinada etnia o religión, eran superiores a otras. Debido a esto, Hitler empezó a crear muchas leyes en contra de los judíos y otras minorías a las que consideraba inferiores; quería quitarles sus derechos. Los que pudieron huyeron de Europa, pero, cuando estalló la guerra, a los demás los encerraron en guetos aislados del resto de la población de los que no podían salir. Tiempo después empezaron a llevarlos a campos de concentración, unos lugares horribles donde la mayoría acababa muriendo.

EL DIARIO DE ANA FRANK

Ana escribió su diario entre el 12 de junio de 1942 y el 1 de agosto de 1944, pero su padre no lo publicó por primera vez hasta después de la guerra, en 1947. Desde entonces se ha traducido a sesenta idiomas y se han vendido más de 30 millones de ejemplares. Es uno de los libros más leídos del mundo. También se ha adaptado a obras de teatro, musicales y hasta se hizo una película que ganó tres Oscar. Después de uno de los episodios más tristes de nuestra historia, el diario de Ana Frank trajo luz y esperanza para todos. Nos enseñó que no importa cuáles sean nuestras procedencias o nuestra religión, todos tenemos mucho que aportar y aprender de los demás.

Mis pequeños
HÉROES

¿Todavía crees que los auténticos héroes llevan capa y tienen superpoderes?

Conoce a todos los protagonistas de **MIS PEQUEÑOS HÉROES:** personas reales, de carne y hueso, que han contribuido a hacer del mundo un lugar mejor.

Científicos, aventureros, inventores, artistas..., un sinfín de personalidades que merecen ser conocidas y admiradas no solo por lo que hicieron, sino también y sobre todo por cómo lo hicieron.

Encuéntralos en
www.mispequeñosheroes.com

@mispequenosheroes

MARIA CECILIA CAVALLONE

De niña, soñaba con convertirme en artista y pintaba en todas las paredes de la casa. Al hacerme mayor descubrí que me gustaba muchísimo crear, pero prefería escribir historias. Me gusta trabajar acompañada de mis gatos, y con un poco de pizza y un buen postre de nata con chocolate al alcance.

WUJI HOUSE

Somos unos apasionados de los dibujos animados y los libros de colores y por ello nos aferramos, desde muy temprana edad, a un lápiz como una araña a su telaraña. Ahora que hemos crecido seguimos tejiendo dibujos para atrapar a tantos jóvenes lectores como quepan en nuestra red.

ANA FRANK

© 2019, de esta edición, Shackleton Books, S.L.

© de las ilustraciones, Ángel Coronado, Oriol Roca y Cristian Barbeito

Coordinación y supervisión de las ilustraciones: Peekaboo Animation, S.L.

© de los textos, Maria Cecilia Cavallone

Realización editorial:
Bonalletra Alcompas, S.L.

Coordinación editorial:
Iglú de libros

Diseño de cubierta:
Pau Taverna

Diseño de colección:
Elisenda Nogué (www.metagrafica.com)

Maquetación:
Elisenda Nogué (www.metagrafica.com)

© **Fotografías:**

p. 32-33, Daniel Ullrich, Threedots (Trabajo propio) [GFDL, CC-BY-SA-3.0 o CC BY-SA 2.0]/Wikimedia Commons, Heather Cowper [CC BY 2.0]/Wikimedia Commons, Bungle (Trabajo propio) [CC BY-SA 3.0]/Wikimedia Commons, Ronald Wilfred Jansen/Shutterstock, EQRoy/Shutterstock; p. 34-35, Tom Antos/Shutterstock, mbrand85/Shutterstock, Ana Frank en 1940 [d. p.]/Wikimedia Commons.

ISBN: 978-84-17822-23-1
DL: B 8140-2019

Impresión:
Macrolibros S.A., Valladolid.